CATALOGUE

DES

ARMES

Arbalètes et Arquebuses enrichies d'incrustations
Épées — Poignards — Sabres — Couteaux de chasse
Armes d'hast — Fusils — Pistolets

OBJETS DE VITRINE

Médailles et Plaquettes

Bronzes — Émaux — Étains — Fers — Bois sculptés
Curiosités du Japon — Faïences et Porcelaines

DONT LA VENTE AURA LIEU

HOTEL DROUOT, SALLE N° 5

Le Samedi 23 Février 1889

A 2 HEURES

Me PAUL CHEVALLIER	M. CHARLES MANNHEIM
COMMISSAIRE-PRISEUR	EXPERT
10, rue de la Grange-Batelière, 10	7, rue Saint-Georges, 7

EXPOSITION PUBLIQUE

Le Vendredi 22 Février 1889, de 1 heure à 5 heures.

CONDITIONS DE LA VENTE

Elle sera faite au comptant.

Les acquéreurs payeront, en sus des adjudications, *cinq pour cent* applicables aux frais.

L'exposition mettant le public à même de se rendre compte de l'état des objets, il ne sera admis aucune réclamation une fois l'adjudication prononcée.

Paris. — Imp. de l'Art, E. Ménard et Cⁱᵉ, 41, rue de la Victoire.

DÉSIGNATION DES OBJETS

ARMES

1 — Arbalète entièrement plaquée d'ivoire gravé,
à décor de rinceaux feuillagés et d'ornements
dans le goût du xviie siècle ; elle est accompa-
gnée d'un cric en fer gravé du xvie siècle.

2 — Petite arbalète du xviiie siècle, avec sous-
garde, plaque de couche et appliques en cuivre.

3 — Arquebuse à rouet avec crosse à pied de
biche, du xviie siècle, à monture décorée d'incrustations d'ivoire et de nacre ; chiens courant,
entrelacs et rinceaux ; une rondelle de nacre
porte les initiales *C. K.*

4 — Paire de pistolets à pierre du xviiie siècle, à
crosses sculptées et garnitures en cuivre.

5 — Arquebuse à rouet du xviie siècle, canon à

pans, fût en bois décoré de jolies incrustations d'ivoire (sujets de chasse) et de nacre gravés.

6 — Arquebuse à rouet du XVIIe siècle, à platine gravée à personnages et à monture de bois incrusté d'ivoire, animaux courant et arabesques.

7 — Paire de pistolets à rouet, presque droits, terminés par un pommeau à pans ; la monture est décorée de délicates incrustations d'ivoire et de nacre, animaux, arabesques et filets déliés.

8 — Fusil à silex à deux coups, à batteries gravées, canon décoré de dorures et fût incrusté de filets d'argent ; il porte le nom de Brunon aîné, à Caen.

9 — Deux petits modèles de canons de bronze, sur affûts de bois frettés et cloutés de fer.

10 — Épée à lame très longue, à gouttière et poignée de style Renaissance, à ornements en relief et dorés.

11 — Épée de cour du XVIIIe siècle, à lame quadrangulaire gravée, coquille repercée et branche de garde évidée, fusée et pommeau en porcelaine

de Saxe décorée, en couleur, de scènes galantes
dans le goût de Lancret.

12 — Épée du temps de Louis XV, à pommeau,
branche et coquille décorés d'incrustations d'argent, et à fusée côtelée en argent ciselé.

13 — Épée du xviiie siècle, à poignée ciselée et
ajourée, garnie de rosaces à têtes de clous.

14 — Épée de cour du xviiie siècle, à poignée d'argent ciselé, décorée de figures, de coquilles et
de rinceaux.

15 — Cris malais, lame droite à rainures et à talon
évasé, ciselé et ajouré ; poignée en mors, ouvra-
gée et frettée d'argent gravé ; fourreau en bois.

16 — Couteau de chasse du xviiie siècle, lame gravée, poignée et garniture de fourreau en cuivre
ciselé, à décor de gibier de poil et de plume.

17 — Couteau de chasse, lame à inscription et
date 1749, quillons et bouterolle en argent.

18 — Deux couteaux de chasse du xviiie siècle ; l'un
à poignée d'ivoire, l'autre à poignée de corne.

19-20 — Deux poignards à poignées et fourreaux
en ivoire sculpté, à décor d'armoiries, de mé-
daillons-bustes, etc. Travail moderne.

21 — Couteau oriental, poignée en métal gravé,
fourreau en argent à feuilles et rinceaux.

22 — Sabre à poignée de bois guilloché, incrustée
de nacre et décorée de pierres rouges ; lame
gravée avec l'inscription : *Vive le roi de Sar-
daigne !*

23 — Sabre à lame gravée du XVII⁰ siècle, à tro-
phées d'armes et entrelacs ; poignée en fer plaquée de corne, rivée de cuivre et garnie de
pierres de couleur.

24 — Autre à poignée guillochée et quillons courts
en cuivre.

25 — Deux sabres à lames courbes, de la fin du
XVIII⁰ siècle ; poignée de cuivre à tête de lion et
coquille.

26 — Épée Louis XV, à poignée de cuivre doré.

27 — Epée du XVII⁰ siècle, à pommeau polygonal,

quillons chevauchés, garde et contregarde symétriques, avec double coquille ajourée.

28 — Deux épées, l'une du XVIIIe siècle, à lame triangulaire et poignée en cuivre, l'autre à poignée décorée d'incrustations d'argent.

29 — Couperet à poignée de cuivre se terminant en tête de lion ayant un anneau dans la gueule.

30 — Épée d'enfant et quatre poignards avec fourreaux.

31 — Hache de corporation ; la hampe est décorée de plaquettes à fleurons et figures et de cordons de perles en ivoire incrusté. Au bas, se voit un cartel portant deux outils en sautoir et la date : 1677.

32 — Deux marteaux d'armes à pointes quadrangulaires.

33 — Hache à fer gravé et décoré d'incrustations d'argent, hampe garnie de velours.

34 — Hache orientale à fer en damas damasquiné d'or et hampe garnie, haut et bas, de feuilles en argent.

35 — Hachette, provenant d'une trousse, en fer
gravé. XVIIe siècle.

36-37 — Cinq pièces : trois fléaux d'armes ou plom-
mées, et deux fouets à lanières de cuir terminées
par des balles de plomb.

38 — Deux briquets, batterie à silex.

39 — Clef-pulvérin d'arquebuse en cuivre gravé et
doré, à goulot formé d'une tête d'oiseau.

40 — Deux étriers orientaux en cuivre.

41 — Arbalète à jalet. XVIIe siècle.

42 à 46 — Hallebardes, piques et diverses armes
d'hast des XVe et XVIe siècles.

47 — Lot d'armes sauvages, arcs, flèches, fourreaux
en cuir.

48 — Bouclier gravé à figures et arabesques. Style
du XVIe siècle.

49 — Morion.

50 — Criss malais.

51 — Fusil à rouet, monture incrustée d'os gravé.
XVIe siècle.

52 — Fusils orientaux.

53-54 — Quatre pistolets anciens à pierre.

55 — Lot de poignards, fers de lances, kathar indien, etc.

56 — Armes diverses.

OBJETS DE VITRINE

57 — Beau collier japonais, composé de boules d'ancien émail cloisonné séparées par des perles en or; une petite cassolette sphérique en or est appendue au collier.

58 — Collier japonais, composé de boules en émail cloisonné et de grains lenticulaires en métal doré, cerclés de pierreries.

59 — Deux colliers, l'un formé de boules en malachite, l'autre d'olives en ambre.

60 — Lot de chapelets, agate, ivoire, etc.

61 — Lot d'objets japonais : pinceaux en ivoire gravé, pipe, couvert à riz en galuchat, épingles de coiffure en écaille, etc.

62 — Nécessaire de poche en ivoire, monté en argent, contenant divers petits ustensiles. XVIIIe siècle.

63 — Couteau et fourchette à manches composés de groupes en ivoire sculpté.

64 — Couteau et fourchette à manches d'ivoire, dans une gaine en galuchat.

65 — Trois râpes à tabac flamandes en ivoire sculpté. XVIIIe siècle.

66 — Deux figurines en ancienne porcelaine émaillée de la Chine.

67 — Christ en bronze sur une croix en bois incrusté de nacre.

68 — Râpe à tabac Louis XIV en marqueterie de bois et d'ivoire

69 — Lot de petits objets : boîtes, buste en ambre sculpté en bas-relief, poudrière, boucle, bourse

en émail moderne, coupe en agate, œufs en malachite, sonnette en argent, etc.

70 — Cinq miniatures et petites peintures, dont un
portrait de femme dans un médaillon de cuivre
doré.

71 — Quatre pièces : deux petits émaux peints et
deux médaillons en argent.

72 — IVOIRE. Cinq pièces : petite cravache, grat-
toir, un pion de trictrac et deux médaillons.

73 — Quinze petits bas-reliefs : croix, en cuivre,
bronze doré, étain.

74 — Quatre statuettes en bronze. Style antique.

75 — Lot de figurines en cuivre.

76 — Deux grosses boucles en stras, montées en
argent.

77 — Coupe-papier en argent, frises d'encadrement
en argent estampé, et fermoir de livre en cuivre
argenté.

78 — Lot de petits objets chinois : miroir, trousse à
opium, jeu de cartes, etc.

79 — Lorgnette-breloque, en forme de baril, en cornaline taillée à facettes, avec monture et chaînette en or.

80 — Six cachets, pierres gravées, monture cuivre.

81 — Deux cachets dont un tournant à trois faces, en acier ciselé. XVIIIe siècle.

82 — Quatre sceaux en cuivre.

83 — Petit plateau rond à bord vertical, gravé d'entrelacs, bronze persan.

84 — Trois pièces : deux nielles sur argent, un petit médaillon ovale en argent du XVIIe siècle.

85 — Trois pièces : drageoir en fer du XVIIe siècle, boîte agate et boîte émail de Saxe.

86 — Deux couteaux Louis XVI à manches de nacre avec viroles en vermeil ; l'un à lame d'acier, l'autre à lame de vermeil ; étui galuchat.

87 — Ivoire. Dix petites statuettes variées, la plupart de travail flamand.

88 — Grosse pipe à fourneau de bois sculpté, garni argent et tuyau en ivoire. XVIIIe siècle.

89 — Étui cylindrique, écaille, galonné d'or.

90 — Couteau pliant et ciseaux dans une gaine en acier incrusté d'or.

91-92 — Huit miniatures ovales : portraits dans des cadres de bronze doré à rubans.

93 — Miniature ovale : Portrait de femme dans un cadre en argent ciselé, ajouré, décoré d'émaux et de pierres de couleur.

94 — Boîte rectangulaire Louis XV, laquée dans le goût chinois.

95 — Boîte Louis XV, cuivre doré, avec plaquette d'agate sur le couvercle.

96 — Bague-anneau d'or à caractères en relief.

97 — Batterie de mousquet en fer ciselé et gravé, à sujet de chasse; signée : *Johan Georg Gulwein sculp. 1696.*

98 — Deux écrans à main, gravures Louis XV.

99 — Cinq pièces : trois têtes de femmes en terre de Tanagra, et deux statuettes romaines en bronze.

100 — Trois pièces : médaillon roman en cuivre émaillé, applique de cuivre : faucon et armoirie; plaquette Renaissance en bronze : génie sur un socle.

101 — Deux pièces : Christ espagnol, bois sculpté incomplet, et mouvement de pendule ancienne.

102 — Bracelet et quatre fibules de bronze gallo-romain.

103 — Trois clefs anciennes à têtes ciselées et ajourées.

MÉDAILLES

104 — Médaille bronze de la Renaissance : HIERON. COL. ARAGON. ℟. PUDICITIA. (Vente Fau.)

105 — Médaille bronze de la Renaissance : D. VICTORIA COLVMNA. (Vente Fau.)

106 — Médaille bronze de la Renaissance : SIGIS-MVNDVS. PANDVLFVS. MALATESTA. (Vente Fau.)

107 — Médaille bronze de la Renaissance : HENRI-

cvs. II. Galliarvm rex invictis. P. P. (Vente
Fau.)

108 — Remedivm. inikiae. contemptvš. (Vente
Fau.)

109 — Saint Charles Borromée, bronze doré.

110 — Médaille commémorative avec portraits de
rois d'Espagne, bronze doré.

111 — Pièce commémorative en argent du mariage
de Louis XVI.

112 — Plaquette octogone : le Supplice de Marsyas.

113 — Grand médaillon rond : Henri IV et Marie
de Médicis.

114 — Deux pièces : cartouche ovale représentant
la Trinité, xvie siècle, et une figure-applique de
bouffon ; bronze doré.

115 — Médaille en bronze : Maximilien Ier d'Autriche.

116 — Médaille dorée : Aristoteles.

117 — Médaille en bronze : Vespasien (restitution).

118 — Médaille en bronze : le pape SIXTE IV (1481).

119 — Petite plaquette dorée : Un Sacrifice. xvie siècle.

120 — Médaille : Ferd. Davalos.

121 — Médaille : Philippe d'Espagne.

122 — Médaille : Charles II d'Espagne.

123 — Belle médaille de Montesquieu par *Dassier*, 1753 ; bronze doré, fond patiné.

124 — Deux plaquettes ovales : Allégories.

125 — Onze médailles, bronze et plomb.

OBJETS D'ART

126 — ÉMAIL DE LIMOGES. Plaque rectangulaire en hauteur : la Mort d'une sainte. xvie siècle.

127 — Livre d'heures, manuscrit sur parchemin du xve siècle, avec encadrements d'arabesques en couleur et en dorure ; reliure du xvie siècle ; dorure au fer.

128 — Un volume in-8° : *Vita Philippi Melancthonis*, 1592 ; avec reliure en parchemin gaufré, à l'effigie de Charles-Quint.

129 — Couverture de buvard en soie crème brodée or et argent, à armoiries et festons. xviiie siècle.

130 — Petit vitrail rond du xvie siècle ; blasons accolés soutenus par un ange.

131 — Couteau à poignée de fer incrustée d'or. Époque Louis XV.

132 — Cuillère pliante en argent dans un étui de cuir doré au fer et daté 1745.

133 — IVOIRE. Trois pièces : deux volets de diptyques et un fragment des xiiie, xve et xvie siècles.

134 — Deux pièces : sceau gothique en argent, à manche en ivoire, et un bout de pipe en ambre.

135 — BRONZE DE BARYE. Lionne qui marche.

136 — Plat rond en laque du Japon, à décor en dorure sur fond noir.

137 — Divinité japonaise en bois doré, dans une petite pagode de laque.

138 — Brûle-parfums en bronze du Japon, en forme de courge.

139 — Figurine de femme tenant une corbeille ; bronze japonais.

140 — Garde japonaise en fer ciselé, formée par un dragon.

141 — ÉTAIN. Aiguière et bassin côtelés du xviiie siècle.

142 — ÉTAIN. Petit plat à médaillons en relief : la Résurrection et les Douze Apôtres.

143 — ÉTAIN. Petit plat à médaillons en relief : Figures équestres des princes de la maison d'Autriche.

144 — BOIS SCULPTÉ. Deux bas-reliefs : la Décollation de saint Jean et Hérodiade. xvie siècle.

145 — BOIS SCULPTÉ. Petit panneau sculpté en haut-relief : Saint Jérôme. xvie siècle.

146 — Petite pendule Louis XVI, en forme de lyre ;
bronze doré.

147 — Tapisserie. Petit médaillon : Portrait de
Bonaparte, de profil, en buste.

148 — Tableau : Diane et Actéon ; peinture attri-
buée à Van Limborch.

149 — Page de missel de la Renaissance, ornée
de deux miniatures et d'une bordure d'ornements.

150 — Fauteuil en X, style Renaissance, à traverse
de dossier armoriée.

PORCELAINES, FAIENCES

151 — Assiette de Moustiers polychrome, à armoirie et bordure.

152 — Plateau à bonbons en ancienne faïence polychrome, à guirlandes et coquille.

153 — Trois pièces : couvercle en Rouen, compotier
en Strasbourg, petit vase Wedgwood.

154 — Cornet évasé à renflement médian, en céladon turquoise.

155 — Huilier d'ancienne porcelaine de Chine décorée en émaux de couleur.

156 — Saucière en porcelaine de l'Inde à figures et ornements.

157 — Petit vase ovoïde de l'Inde, décor à figures avec rehauts d'or.

158 — Plat en faïence d'Urbino, à bandes concentriques polychromes.

159 — Plat et cinq assiettes, variés de dessin, en ancienne faïence de Delft.

160 — Compotier à bord festonné, décor chinois polychrome.

161 — Assiette octogone et compotier lobé en faïence décorée bleu, chinois et ornements.

162 — Petit chien en vieux Saxe.

163 — Cuillère à feuillages en vieux Saxe.

www.ingramcontent.com/pod-product-compliance
Lightning Source LLC
LaVergne TN
LVHW020647180726
843502LV00006B/2300